AF382221

DIE WERTSTROM-ANALYSE

Wertketten methodisch darstellen

Verfasst von Johann Dumser

Übersetzt von Mareike Lobeck

Business 50MINUTEN.de

50MINUTEN.de

NOCH MEHR ERFOLG IM BUSINESS!

Die SWOT-Analyse

Das Pareto-Prinzip

Das Canvas-Businessmodell

Die Balanced Scorecard

www.50Minuten.de

DIE WERTSTROMANALYSE

SCHLÜSSELINFORMATIONEN

- **Bezeichnungen:** Wertstromanalyse, Value Stream Mapping
- **Anwendungsbereiche:** Die grafische Darstellung des Wertstroms inklusive aller beteiligten Prozesse – von Produktion bis Management –, ermöglicht Anwendern, den bestehenden Workflow objektiver zu analysieren und effizienter zu organisieren. Zur Wertstromanalyse gehören daher eine Prozessverbesserungsanalyse, die Planung von Arbeitsabläufen und Maßnahmen der kontinuierlichen Verbesserung. Die Wertstromanalyse ist Teil des Wertstrommanagements, das sich zusätzlich aus Wertstromdesign und Wertstromplanung zusammensetzt.
- **Warum ist es so gut?** In Industrie- und Dienstleistungsbetrieben sowie im Bereich der Unternehmensberatung dient diese sehr umfassende Visualisierungsmethode dem

Verständnis der verschiedenen Tätigkeiten eines Unternehmens (ob Großunternehmen oder Selbstständiger) ab dem Moment der Auftragserteilung durch den Kunden bis zur Auslieferung des entsprechenden Produkts bzw. bis zur Durchführung der entsprechenden Dienstleistung.

- **Schlüsselwörter:**
  - <u>Kontinuierliche Verbesserung</u>: Performance-Steigerung eines Unternehmens, indem regelmäßig kleine Verbesserungen vorgenommen werden
  - <u>Wertstromdiagramm</u>: Grafische Darstellung der einzelnen Aktivitäten, die zum Kundenwert führen, und der dazwischen bestehenden Verknüpfungen anhand von einheitlichen Symbolen. Die Wertstromanalyse (Ist-Zustand) und das Wertstromdesign (Soll-Zustand) nutzen jeweils ein Wertstromdiagramm. Sie bilden zwei Bestandteile des Wertstrommanagements.
  - <u>Wert(schöpfungs)kette</u>: chronologische Abfolge der Produktionsschritte für ein Produkt bzw. eine Dienstleistung
  - <u>Kaizen</u>: Ansatz im Qualitätsmanagement, der auf kontinuierlicher Verbesserung beruht

- <u>Durchlaufzeit (Lead Time)</u>: Produktionszeit; entspricht der Summe aus Bearbeitungszeit, Lagerzeit, Rüstzeit etc.
- <u>Lean Management</u>: Der Begriff kommt aus dem Englischen und wird auf Deutsch auch als „Schlankes Management" bezeichnet. Diese Art des Managements bindet alle Mitarbeiter in die Beseitigung von Verschwendung, Ineffizienzursachen und Faktoren der Performance-Minderung im Unternehmen mit ein. Entsprechend werden beim Lean Manufacturing (auf Deutsch meist „Schlanke Produktion") unnötige Schritte aus dem Fertigungsprozess gestrichen.
- <u>Lean Thinking</u>: Bei dieser Methode soll eine neue Denkweise im Unternehmen etabliert werden. Im Management bedeutet dies, zu analysieren, wie die Tätigkeiten der Mitarbeiter organisiert werden können, um den Profit zu steigern und die vorhandenen Ressourcen effizienter einzusetzen, sodass letztendlich mehr Wert geschaffen wird, indem Verschwendung und überflüssige Arbeitsschritte eliminiert werden. So gewinnt die Arbeit der einzelnen Mitarbeiter immer mehr an Bedeutung.

- Pull- und Push-Prinzipien: Dabei wird den Kunden entweder ein neues Produkt angeboten (Push) oder ein bestehender Bedarf gedeckt (Pull).

EINLEITUNG

Ungeachtet dessen, ob sich ein Unternehmen in einer Krisen- oder Wachstumsphase befindet, ist es immer essentiell, einen genauen Überblick über die aktuellen Produktströme und dazugehörigen Kommunikationskanäle zu behalten. Um optimale Effizienz zu gewährleisten, sollten dabei die gesamten Produktionsprozesse jedes einzelnen Produkts vollständig betrachtet werden.

Da Unternehmen – vom Start-up über kleine und mittelständische zu Großunternehmen – meist so viel Wert wie möglich schaffen wollen, wird der Ansatz des Lean Managements mit der entsprechenden systematischen Eliminierung von Verschwendung im Herstellungsprozess immer beliebter.

Jeder Einzelne hat die Möglichkeit, sich über das Unternehmen, in dem er arbeitet, und die Art, wie die verschiedenen Arbeitsschritte dort ausgeführt werden, Gedanken zu machen. Auch wenn es wichtig – wenn nicht gar unumgänglich – ist, das Bestehende systematisch und regelmäßig zu hinterfragen, liegt das größte Problem häufig nicht bei bislang unerkannten Fehlern, sondern bei fälschlicherweise als „richtig" empfundenen Gewohnheiten.

In vielen großen internationalen Unternehmen wurden aus diesem Grund Projektbüros eingerichtet, die die abteilungsspezifischen Darstellungsformen von Prozessen harmonisieren und die laufenden Projekte koordinieren sollen, um so einen kontinuierlichen Verbesserungsprozess zu unterstützen. Aus den entsprechend abgestimmten konstruktiven Synergien entsteht ein einheitliches Vorgehen: Jeder Mitarbeiter der Gruppe wird aufgefordert, bei den verschiedenen Wertverbesserungsinitiativen eine für alle verständliche Ausdrucks- und Darstellungsform zu verwenden.

Um wettbewerbsfähig zu bleiben – das heißt bessere Qualität, niedrigere Produktionskosten oder einen schnelleren Produktionszyklus zu erreichen –, wählt ein Unternehmen eine der zahlreichen, ihm zur Verfügung stehenden Methoden. Dazu gehört auch die Wertstromanalyse als einer der effektivsten Ansätze des Lean Managements, da sie mithilfe einer einfachen grafischen Darstellung die Stellen in der Wertkette aufzeigt, wo Verbesserungspotenzial besteht bzw. wo sich neue Gelegenheiten auftun.

Definition

Die Wertstromanalyse besteht aus einer grafischen Darstellung von Vorgängen, Informationsflüssen und Datenprozessen.

Wechselbeziehung von Materialfluss und Informationsfluss

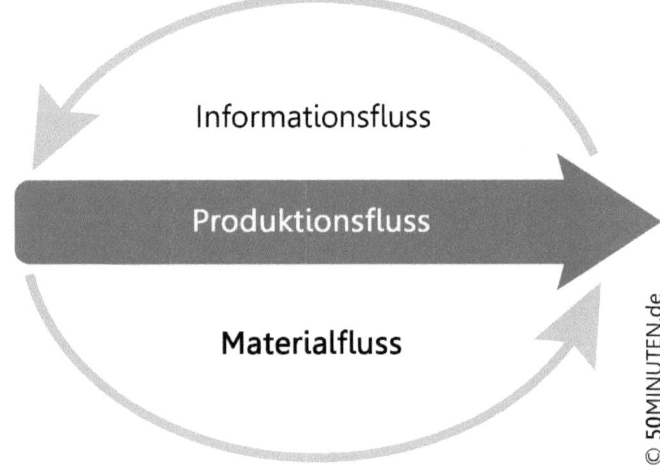

Dabei entsteht ein realistischer Überblick über die tatsächlichen Vorgänge – und nicht nur, wie die Prozesse in der Theorie vorgesehen sind. Die Wertstromanalyse ist daher immer Teil der Prozessanalyse eines Unternehmens. Sie kann von der Geschäftsführung, einem operativen Leiter oder einem Qualitätsmanager zur Effizienzsteigerung angestoßen werden. Ebenso kann dies auch ein Dienstleister (Unternehmensberater) vorschlagen, um bis dahin ungenutzte Möglichkeiten auszuschöpfen.

Im Idealfall wird der Workflow nach jeder Prozessänderung zur Überprüfung der Auswirkungen kontrolliert und wenn nötig angepasst.

GUT ZU WISSEN: VERSCHWENDUNG NACH TAIICHI OHNO

Der als Begründer des Toyota-Produktionssystems angesehene japanische Ingenieur und Unternehmer Taiichi Ohno (1912-1990) nennt in seinem Werk *Das Toyota-Produktionssystem* (S. 165) sieben Arten der Verschwendung („Muda" auf Japanisch):

- **Überproduktion (*overproduction*)**: entspricht einer hinsichtlich der Kundenanforderung zu früh, zu schnell oder in zu großem Umfang ausgeführten Produktion
- **Warten (*waiting*)**: bezeichnet die Wartezeiten von Menschen oder Teilen während eines Produktionszyklus
- **Transport (*transportation*)**: unnötige Personen- oder Materialtransporte zwischen den Fertigungsschritten (Verschiebung der Objekte)
- **zu starke Bearbeitung (Überbearbeitung; *extra processing*)**: Bearbeitung über die Anforderungen des Kunden hinaus
- **Lagerbestand (*inventory*)**: umfasst die Lagerbestände der Rohstoffe, Zwischenlager sowie Fertigprodukte
- **Bewegung der Arbeiter (*movement*)**: unnötige Bewegungen von Personen oder Material während des Fertigungsprozesses (Verschiebung der Betreiber)
- **Herstellung defekter Teile und Produkte (*defective products*)**: bezeichnet defekte Teile, Fehler, Wiederholungen oder Nachbesserungen im Vorgehen

Als achter Punkt könnte noch hinzugefügt werden:

- **Ungenutzte Talente (*non-utilized talent*)**: entspricht nicht bzw. schlecht genutzten Fähigkeiten, insbesondere wegen mangelnder Ausbildung oder Inflexibilität der Mitarbeiter

DIE WERTSTROMANALYSE IN DER THEORIE

WERTSTROMANALYSE UND WERTSCHÖPFUNG

Die Wertstromanalyse setzt sich aus drei Teilen zusammen, wie der Name schon andeutet: Wert (*value*), Strom bzw. Prozess (*stream*) und Analyse bzw. Darstellung (*mapping*).

Wert (*value*)

Ziel des 1985 von Michael E. Porter (Harvard-Professor für Unternehmensstrategie; geboren 1947) entwickelten Ansatzes der Wertschöpfungskette ist es, einen Wettbewerbsvorteil herauszuarbeiten. Dazu werden die internen Prozesse und Arbeitsabläufe eines Unternehmens untersucht. Jeder einzelne Schritt in der Kette sollte einen erkennbaren Wert für den Endkunden schaffen, dessen entsprechend gesteigerte Zufriedenheit sich in einem höheren Umsatz bemerkbar macht. „Wert" entspricht hier dem, was Kunden vermutlich bereit sind, für das Produkt bzw. die Dienstleistung auszugeben, weswegen die in der Wertstromanalyse dargestellten Schritte entweder Wert schöpfen oder eben keinen Wert schöpfen.

- Als wertschöpfend gelten all jene Arbeitsschritte, die den (Markt- oder funktionalen) Wert eines Produktes in den Augen des Kunden steigen lassen, das heißt alle Schritte, für die Kunden zu zahlen bereit sind.
- Arbeitsschritte gelten als nicht wertschöpfend, wenn sie dem Produkt keinen Wert hinzufügen und daher Verschwendung darstellen. Auch wenn Manager in der Regel versuchen, diese Verschwendung zu eliminieren, kann ein Teil davon (außer durch sehr hohe Investitionen) nicht vermieden werden.

Ziel der Wertstromanalyse ist, Probleme aufzudecken, aufgrund derer im Verhältnis zur gesamt vorgesehenen Arbeitszeit (Durchlaufzeit bzw. Lead Time) wesentlich zu wenig Zeit auf die Wertschöpfung entfällt. Um den Anteil der Wertschöpfungszeit zu erhöhen, sollte definiert werden, wie sich der Gesamtprozess verbessern lässt.

Wirkungsweise der verschiedenen Verbesserungsmöglichkeiten

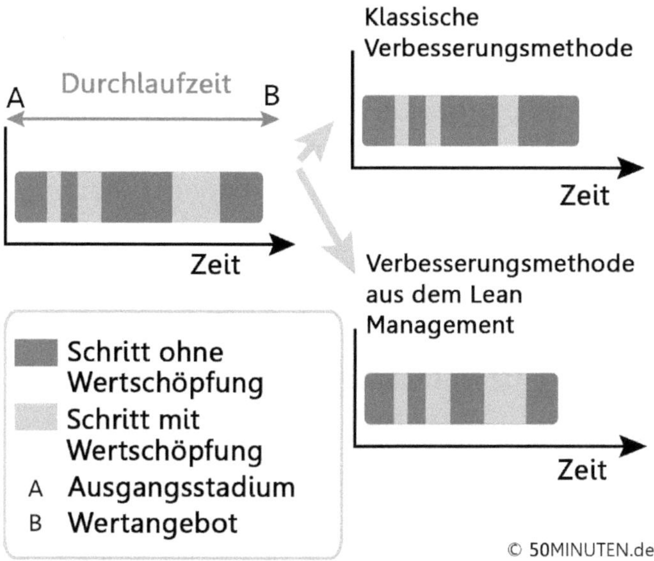

© 50MINUTEN.de

Strom bzw. Prozess (*stream*)

Die Wertstromanalyse bezieht alle Schritte der Produktherstellung bzw. Dienstleistungserstellung mit ein, vom Ausgangsstadium (A) bis zum Wertangebot (B). Dabei setzt sich die

Wertstromanalyse aus einer chronologischen Abfolge von Prozessen zusammen, die auf einem der Lead Time (Durchlaufzeit (A-B) entsprechenden Zeitstrahl (Zeitreihe) angeordnet sind.

Drei verschiedene Prozessarten können mithilfe der Wertstromanalyse betrachtet werden:

- **Führungsprozesse** (Management, Strategie, Qualität, Umwelt, Sicherheit, Finanzen etc.)
- **Operative Prozesse** (Fertigung, Planung, Entwicklung, Versand etc.)
- **Supportprozesse** (Einkäufe, Personalverwaltung etc.)

Analyse bzw. Darstellung (*mapping*)

Mittels der grafischen Darstellung kann sehr einfach ein deutlicher Überblick über die Funktionsweise eines Unternehmens (Fertigung eines Produkts bzw. Ausarbeitung einer Dienstleistung) gewonnen werden. Dabei wird der gesamte Prozess und nicht nur ein einzelner Teil betrachtet. Die Analyse beschränkt sich daher nicht auf die Maschinenebene einer Produktionslinie, sondern auf den gesamten Produktionsprozess.

Die Darstellung erfolgt mittles einheitlicher Piktogramme und unter Beachtung bestimmter Standards, damit die Grafik für alle Beteiligten verständlich ist. Sie setzt sich aus drei Hauptfeldern zusammen:

- Informationsfluss
- Materialfluss
- quantitative Daten

Felder der Wertstromanalyse

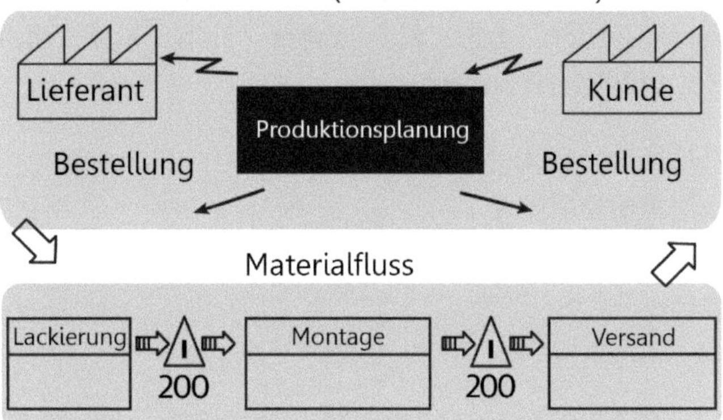

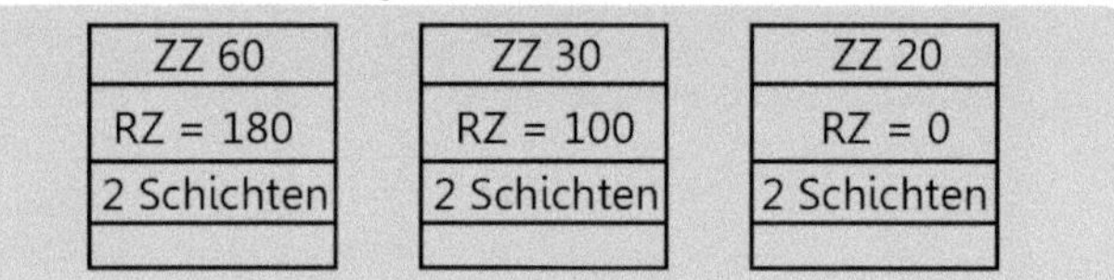

Quantitative Daten

ZZ 60	ZZ 30	ZZ 20
RZ = 180	RZ = 100	RZ = 0
2 Schichten	2 Schichten	2 Schichten

Zeitreihe und Synthese

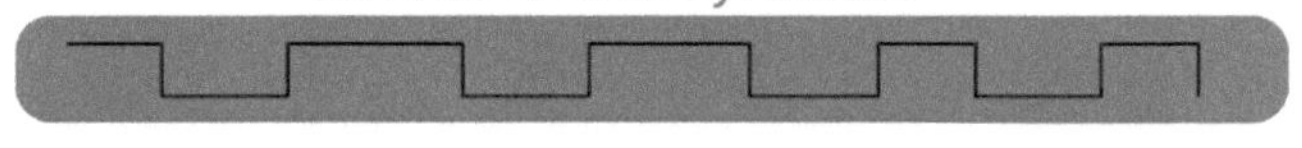

© 50MINUTEN.de

Die Methode beinhaltet die folgenden Schritte:

- Nachverfolgung des Produktionsablaufes eines Produkts, von den Kunden (Nachfrage) bis zum Zulieferer
- grafische Darstellung jeden Schritts im Material- sowie im Informationsfluss
- Hinterfragung der Hauptpunkte und Erstellung einer zukünftigen Wertschöpfungskette (Wertstromdesign)

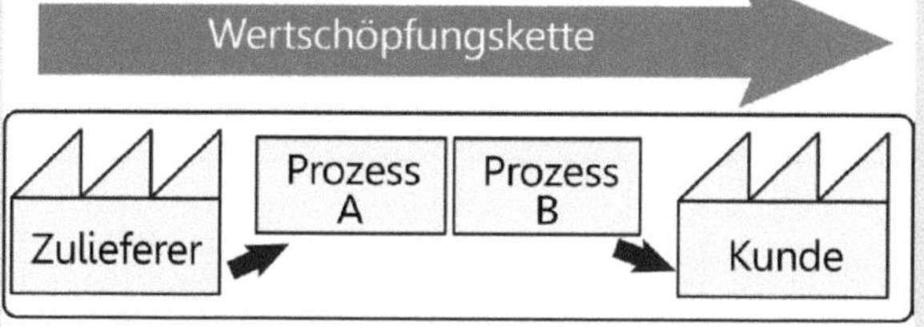

PIKTOGRAMME IN DER WERTSTROMANALYSE

Prozesssymbole		
Pikto-gramm	**Name**	**Beschreibung**
	Kunde/ Zulieferer	externe Quelle, die entweder einem Zulieferer (oben links in der Grafik anordnen) oder einem Kunden (oben rechts in der Grafik anordnen) entspricht
	Prozess	(aktueller) Prozess mit einem Ausführenden, der dem Produkt einen Mehrwert hinzufügt (wertschöpfend; die Prozessbezeichnung steht in der Regel in der oberen Zeile, während die Funktion in der Mitte beschrieben wird)
	Daten	Raum für quantifizierte Daten, die unter den anderen Piktogrammen angeordnet werden und die Informationen enthalten, die zur Systemanalyse benötigt werden (Bearbeitungszeit, Durchlaufzeit, Rüstzeit etc.)

© 50MINUTEN.de

Informationssymbole		
Piktogramm	**Name**	**Beschreibung**
	Produktions-Kanban	Produktionsstart einer gegebenen Stückzahl
	Kanbanlose	Kanban in Losgrößen
	Datenbank	Datenbank
Information	Information	Textfeld für zusätzliche Informationen

© 50MINUTEN.de

Materialsymbole		
Pikto-gramm	**Name**	**Beschreibung**
	Physischer *Pull*	physische Entnahme von Material aus dem Supermarkt
	LKW-Lieferung	Lieferung durch externe Transportmittel eines Zulieferers (Zusatzinformationen zur Lieferhäufigkeit in einem Informationskasten unter dem Piktogramm möglich)
	Bestand	Bestand an Rohstoffen oder Endprodukten (Zusatzinformationen zur Dauer unter dem Piktogramm möglich)

© 50MINUTEN.de

Materialsymbole		
Pikto-gramm	**Name**	**Beschreibung**
	Supermarkt	Supermarktbestand, der Material für nachfolgende Schritte bereithält (dieser dient bei Bedarf dem Kunden); der nachfolgende Prozess wirkt als „Pull" auf diesen Bestand
	Push-Pfeil	Push-Pfeil von Informationen oder Material von einem Prozess zum nächsten; ein Prozess produziert unabhängig vom Bedarf der nachfolgenden Prozesse
	Pull-Pfeil	der Pull-Pfeil gibt eine „Pull"-Entnahme aus vorherigen Prozessen an (Bestandsminderung, die keine Auswirkung auf vorhergehende Prozesse hat)

© 50MINUTEN.de

Materialsymbole		
Pikto-gramm	Name	Beschreibung
FIFO	FIFO-Bahn	*First-in-first-out*-Prinzip (was als erstes hinein kommt, geht auch als erstes wieder hinaus)
	Mitarbeiter	einem Prozess zugeordneter Mitarbeiter, der einen Gesamtprozess bzw. einzelne Prozessschritte für ausgeführt erklärt
OXOX	Belastungs-verteilung	Mittel zum Abfangen von Losen der Kanban-Karten um das Arbeitsvolumen auf eine bestimmte Zeitspanne aufzuteilen
	Telefon	per Telefon erhaltene Information

© 50MINUTEN.de

Materialsymbole		
Pikto-gramm	Name	Beschreibung
	Kaizen-Blitz	Verbesserungsbedürfnis an einem bestimmten Punkt im Prozess, der kritisch für das Erreichen des im Wertstromdesign festgelegten Soll-Zustands ist
	Manuelle Information	Strom manueller Informationen
	Elektronische Information	Strom elektronischer Informationen (Internet, Intranet, elektronischer Datenaustausch (EDI) etc.)
	Puffer-bestand	Reserve für Ausnahmezustände
	Pfeil für den Transport bzw. die Bewegung von Ware	Produktstrom von einem Zulieferer zu einem Prozess oder von einem Prozess zum Kunden

© 50MINUTEN.de

Materialsymbole		
Pikto-gramm	**Name**	**Beschreibung**
	Signal-Kanban	Alarm, der angibt, dass der Bestand des Supermarkts zwischen zwei Prozessen eine Auslöseschwelle erreicht oder unter ein im Vorfeld definiertes Minimum fällt
	Zeitreihen-segment	Wertschöpfungszeit (Bearbeitungszeit) und Nicht-Wertschöpfungszeit (Wartezeit, bspw. Rüstzeit, Lagerzeit etc.)
	Zeitreihe gesamt	Ende der Durchlaufzeit und Zusammenfassung aller Wertschöpfungs- und Nicht-Wertschöp-fungszeiten
	Uhr	Verspätung oder zeitliche Engpässe
	Rework	erneuter Durchlauf oder Nachbesserungsbedarf

© 50MINUTEN.de

VORTEILE DER WERTSTROMANALYSE

Die Durchführung einer Wertstromanalyse bietet die folgenden Vorteile:

- einfacher, allgemeiner Überblick über den gesamten Prozess inklusive etwaiger Synergien
- Einbindung aller notwendigen Informationen, die zur visuellen Verdeutlichung der Material- und der Informationsflüsse notwendig sind
- zeigt auf, an welchen Stellen es zu Verschwendung kommt und warum
- schafft mittels Piktogrammen und standardisierten Regeln eine einheitliche, für alle verständliche Grundlage für die prozessbezogene Korrespondenz der einzelnen Teams (Analyse/Bestandsaufnahme, Identifizierung von Verbesserungspotenzial, konkrete Verbesserungsvorschläge etc.).

Allgemeiner zeigt die Wertstromanalyse auf, an welchen Stellen Wert geschaffen wird, und hilft ebenfalls bei der Problemlösung. Sie ermöglicht ebenso einen effizienten, homogenen und abteilungsübergreifenden Dialog innerhalb des Unternehmens und fördert eine nach Perfektion strebende Unternehmenskultur.

DIE WERTSTROMANALYSE IN DER PRAXIS

BEST PRACTICES: SCHRITTE

Eine Wertstromanalyse wird meist im Rahmen der DMAIC-Methode angefertigt (siehe DMAIC). Ihre Erstellung ist demnach nur der erste Schritt (und nicht das Hauptziel) einer klassischen Untersuchung zur Verbesserung der Wertkette.

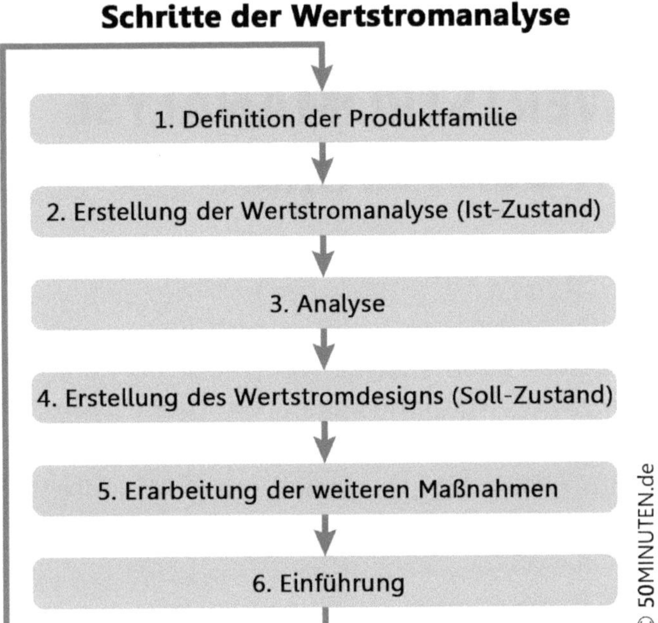

Schritt 1: Definition der Produktfamilie

Bevor mit der eigentlichen Erstellung einer Wertstromanalyse begonnen wird, sollten die zu analysierenden Produktfamilien ausgewählt werden. Dieser Schritt sollte sehr sorgfältig ausgeführt werden, da davon abhängt, wie erfolgreich die restliche Analyse ausfallen wird.

Um den Fokus der Analyse festzulegen, sollte man sich der aktuellen potenziellen Probleme und ihrer Auswirkungen bewusst sein: Dazu kann beispielsweise ein Pareto-Diagramm (stellt das Ausmaß verschiedener Ursachen eines Problems dar; Ziel dabei ist, einen Arbeitsbereich für die Wertstromanalyse abzustecken) verwendet oder eine Befragung der verschiedenen Abteilungsleiter (z. B. der Produktionsleiter oder der Geschäftsführer) durchgeführt werden. Man sollte hier insbesondere die folgenden Fragen stellen:

- Wie hoch ist der Umsatz dieser Produktfamilie?
- Für welche Verluste sind die Produkte verantwortlich?
- Wie liegen die Erfolgschancen für eine Wertstromanalyse? (Es sollte kein zu einfacher und kein zu komplexer Arbeitsbereich festgelegt werden; das heißt, es sollte weder die gesamte Produktion auf einmal noch eine zu simple Abteilung ausgewählt werden)
- Welche Produktionsstrategie wird verfolgt?

GUT ZU WISSEN:

Auch die Untersuchung einer Produktfamilie, die lediglich einen geringen Umsatz erwirtschaftet, kann sich als sinnvoller Arbeitsbereich für die Analyse herausstellen, wenn etwa diese Produktfamilie für hohe Verluste verantwortlich ist.

Schritt 2: Erstellung der Wertstromanalyse (Ist-Zustand)

Bevor eine verbesserte Version des Wertstroms einer Produktfamilie erstellt werden kann, sollte man sich zunächst ein genaues Bild der aktuellen Situation machen und diese grafisch darstellen. Wie funktioniert der Arbeitsbereich momentan? Wer macht was? Wie viel Zeit wird dafür benötigt? Wie kommunizieren die verschiedenen Bereiche miteinander? Welche Verantwortlichkeiten und Aufgaben liegen bei welchem in der Wertkette involvierten Posten? Etc. Die verschiedenen Phasen bei der Anfertigung des Diagramms werden in der folgenden Abbildung detailliert dargestellt. Ziel ist, die Material- und Informationsflüsse präzise abzubilden und dabei die aktuelle Funktionsweise der Produktionswerkstatt bzw. der Abteilung wiederzugeben, die Durchlaufzeiten zu berechnen und Verschwendung sowie die entsprechenden Ursachen festzustellen.

- **Phase 0: Vorbereitung**
  - Beobachten der Tätigkeiten der Fabrik bzw. der Abteilung
  - Sammeln von genauen und aktuellen Informationen durch die Person, die die Wertstromanalyse wünscht. Wenn nötig, vor Ort die Zeit für den Weg der Rohstoffe und Informationen bestimmen.
  - Den Weg des Wertflusses vom Kunden aus zurückverfolgen und dabei den gesamten Herstellungsprozess durchlaufen. Auflisten, welche Prozesse am stärksten mit dem Endkunden in Verbindung stehen, um festzustellen, was für diesen definitiv nützlich ist.
  - Erstellen einer ersten Skizze (per Hand und nicht umfangreicher als eine Seite (A3 oder A4)).
- **1. Phase: der Kunde**
  - „Kunde" oben rechts eintragen.
- **2. Phase: der Fertigungsprozess**
  - Das „Prozess"-Piktogramm (das bearbeitete Material) verwenden und

* die jeweils zu einem Prozess gehörigen Arbeitsposten im selben Piktogramm gruppieren
  * wichtige Informationen zum Prozess im unteren Kasten anmerken (beispielsweise die Zykluszeit (ZZ), die Wertschöpfungszeit, die Bearbeitungszeit (BZ), die Rüstzeit (RZ), Variantenflexibilität eines Produktionsprozesses (EPEI), verfügbare Arbeitszeit (VA) etc.)
  ◦ Das „Bestand"-Piktogramm verwenden.
- **3. Phase: der Zulieferer**
  ◦ „Zulieferer" oben links eintragen.
  ◦ Lieferungstakt und -art angeben (als Information neben dem Zulieferer):
    * Ein großer Pfeil steht für Hauptlieferungen (Transport) zwischen zwei Fabriken.
    * Ein LKW (Schiff, Flugzeug etc.) gibt das Transportmittel an.
- **4. Phase: die Informationen**
  ◦ Für einen physischen Informationsfluss (beispielsweise per Post) eine gerade Linie ziehen, einen Pfeil für elektronisch übermittelte Information.
  ◦ Die Häufigkeit (des Verschickens bzw. Übermittelns) in einem Kasten daneben angeben.

- Die Art festhalten (Internet, Papier, etc.):
    * Beim Push-Prinzip, das auf Bedürfnisprognosen für einen nachfolgenden Prozess basiert, entstehen häufig Zwischenlager zwischen den einzelnen Prozessen.
    * Das Pull-Prinzip, das die Nachfrage eines nachfolgenden Prozesses an den vorhergehenden Prozess übermittelt, reduziert die sich im Umlauf befindende Menge.
- **5. Phase: die Zeitreihe**
  - Unter den Kästen der Fertigungsprozesse und der Bestandspiktogramme eine Linie zur Berechnung der Durchlaufzeit ziehen. Dazu werden die Bearbeitungszeiten und die Lager- und Rüstzeiten addiert.
- **6. Phase: Darstellung der vollständigen Wertkette**
  - Sobald der Ist-Zustand vollständig dargestellt wurde, kann mit der Analyse und Untersuchung der Verschwendungsstellen begonnen werden. Außerdem können nun Verbesserungsmöglichkeiten definiert werden, um ein Wertstromdiagramm für den gewünschten Soll-Zustand anzufertigen (Wertstromdesign).

Schritt 3: Analyse

Anschließend sollten die Material- und Informationsflüsse gründlich analysiert werden, um so festzustellen, ob sie effizient sind und wo noch Probleme bestehen. Dieser Schritt zeigt Verschwendungsbereiche ebenso wie Verbesserungsmöglichkeiten auf und ist daher von besonderer Bedeutung. Alle Beteiligten – vom Projektleiter, der die Verbesserungsinitiative betreut, bis hin zu den davon betroffenen Abteilungsleitern und Mitarbeitern – sollten dabei aktiv in den Prozess miteingebunden werden, um sicherzugehen, dass sie Veränderungen und Verbesserungen gegenüber aufgeschlossen bleiben.

Die Analyse sollte gut vorbereitet und präsentiert werden, um niemanden vor den Kopf zu stoßen, da die Ausführung von Prozessen teilweise die individuelle Arbeitsweise der Personen widerspiegelt. Ihnen sollte daher gezeigt werden, dass es möglich ist, ihre Arbeit noch gewinnbringender zu gestalten und so mehr Wert für – interne[1]

---

1. Interne Kunden sind Kollegen, Abteilungen etc., die eine Leistung innerhalb des Unternehmens abnehmen.

wie externe – Kunden zu generieren. In der Regel kann schon durch die Umstellung der folgenden Punkte das Endergebnis verbessert werden:

- bedarfssynchrone Produktion (Just-in-time-Produktion)
- allgemeine Einführung eines kontinuierlichen Flusses (überall, wo dies möglich ist), um so die Lagerbestände zu reduzieren bzw. aufzulösen; alternativ Einführung von „Fertigwaren-Supermärkten" (nach der Kanban-Methode geführte Pufferlager)
- Zusammenfassung aller Informationen zu einem Kundenauftrag in einem Prozess (Schrittmacher- bzw. Pacemaker-Prozess), der alle anderen Prozesse lenkt

Schritt 4: Erstellung des Wertstromdesigns (Soll-Zustand)

Anhand der Untersuchungsergebnisse und geplanten Maßnahmen kann nun ein Diagramm erstellt werden, das die im Vorfeld erkannten Verbesserungsmöglichkeiten enthält. Ziel des Wertstromdesigns ist es, schließlich die Nicht-Wertschöpfungszeit soweit zu reduzieren, dass Durchlaufzeit und Wertschöpfungszeit weitgehend übereinstimmen. Meist nimmt die Erstellung des Wertstromdesigns drei bis fünf Tage in Anspruch.

Schritt 5: Erarbeitung der weiteren Maßnahmen

Für jede Veränderung wird vom Projektteam ein Maßnahmenplan erarbeitet. Dazu ist es wichtig, die entsprechenden Gewinne und Lösungen (Kosten/Ressourcen) zu quantifizieren, um die Geschäftsführung von den vorgesehenen Maßnahmen zu überzeugen, damit diese auch genehmigt werden. Die Umsetzung der Maßnahmen kann unter Umständen mehrere Monate bis Jahre in Anspruch nehmen.

Schritt 6: Einführung

Sobald das Budget genehmigt, das Risikomanagement überprüft und die Organisation festgelegt ist, kann mit der Einführung begonnen werden. Dazu gehört die Entwicklung, allgemeine Akzeptanz, Fortbildung der Mitarbeiter bezüglich der Veränderung und deren Ausführung.

EMPFEHLUNGEN

Beim Wertstrommanagement sollte besonderes Augenmerk auf die Organisation des Teams und die allgemeine Vorgehensweise gelegt werden.

<table>
<tr><td align="center">Organisatorische Tipps</td></tr>
<tr><td>

- Ein abteilungsübergreifendes Projektteam zusammenstellen, dabei ist eine Gruppe von 6 bis 8 Mitarbeitern ausreichend. Für eine effiziente Gruppendynamik sollte die Verteilung folgendermaßen aussehen:
  - 1/3 Anwender (Personen, die sich mit dem Thema auskennen)
  - 1/3 Kunden (interne oder externe, die die Wertschöpfung erkennen)
  - 1/3 Außenstehende (Projektleiter, andere Abteilungen, Führungskräfte)
- Das Projekt nicht im Alleingang durchführen, sondern in jedem Fall die davon betroffenen Mitarbeiter miteinbeziehen. Das Projekt nicht von oben anordnen, sondern stattdessen das Vorgehen erklären und aktive Mitarbeit anregen.
- Nicht ausschließlich externe Berater mit dem Projekt betrauen, sondern ebenfalls die Gelegenheit nutzen, um intern Kompetenzen aus- bzw. aufzubauen. Ein Beispiel für Personalinvestitionen sind die im Lean Management vorgesehenen individuellen Fortbildungsmaßnahmen. Es ist die Aufgabe von Management und Personalverwaltung, die Geschäftsführung vom Lean Thinking zu überzeugen (verstärkt die aktive Mitarbeit des Personals bei Analyse, Festlegung und Beibehaltung bewährter Prozesse und führt zu kontinuierlicher Verbesserung).

</td></tr>
</table>

© 50MINUTEN.de

Methodische Tipps

- Prioritäten mit Bedacht wählen!
  Für das Projekt sollte beispielsweise eine geeignete Produktfamilie gewählt werden.
- Nicht alles gleichzeitig erledigen.
  So sollte etwa ein Pilotprojekt ausgeführt werden, dessen Ergebnisse als Anhaltspunkte für zukünftige Projekte dienen.
- Diagramm der idealen Arbeitsschritte erstellen. Dabei sämtliches vorhandene Potenzial aufzeigen und erst anschließend die Aspekte auswählen, die vorrangig bearbeitet werden sollen.
- Vereinfachen und nur das Wichtigste behalten.
- Regelmäßig überarbeiten.

© 50MINUTEN.de

Bei einer ungünstigen Herangehensweise kann sich Wertstrommanagement als reine Zeitverschwendung herausstellen.

FALLSTUDIE

Im folgenden Beispiel wird eine Wertstromanalyse für die aktuelle Situation des fiktiven Möbelherstellers *Unterholz GmbH* erstellt. Die untersuchte Produktfamilie sind dabei Hocker.

1. Phase: der Kunde

- Der Kunde wird oben rechts platziert.

Der Kunde

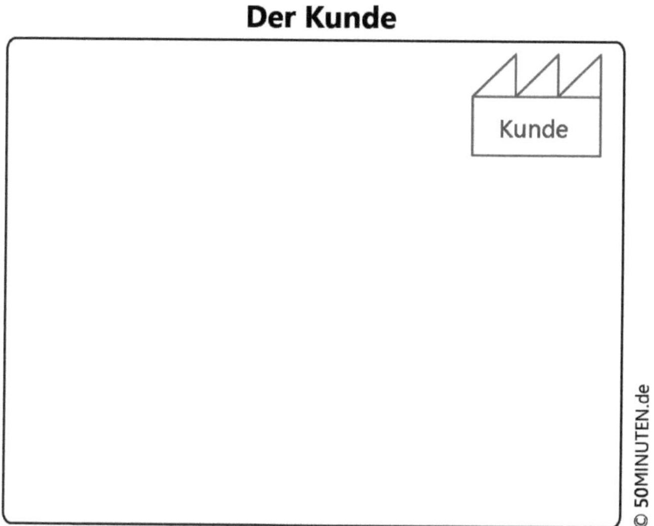

2. Phase: der Fertigungsprozess

- Hier werden vier Prozesse beschrieben: Lackierung, Montage, Verpacken, Versand.
- Für jeden Prozess werden die Arbeitsposten und wichtigen Informationen angegeben (Zykluszeiten, Rüstzeit bzw. Zeit, die für Anpassungen der Maschinenparameter benö-

tigt wird, um ein anderes Produkt zu produzie-
ren, Schichten, etc.)
- Auch die Zwischenlager der verschiedenen Schritte werden dargestellt.

Der Fertigungsprozess

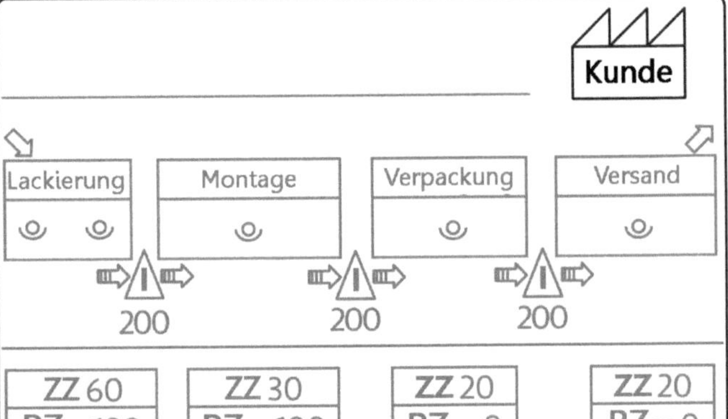

© 50MINUTEN.de

3. Phase: der Zulieferer

- Der Zulieferer wird oben links dargestellt.
- Die wöchentliche Lieferung erfolgt per LKW.

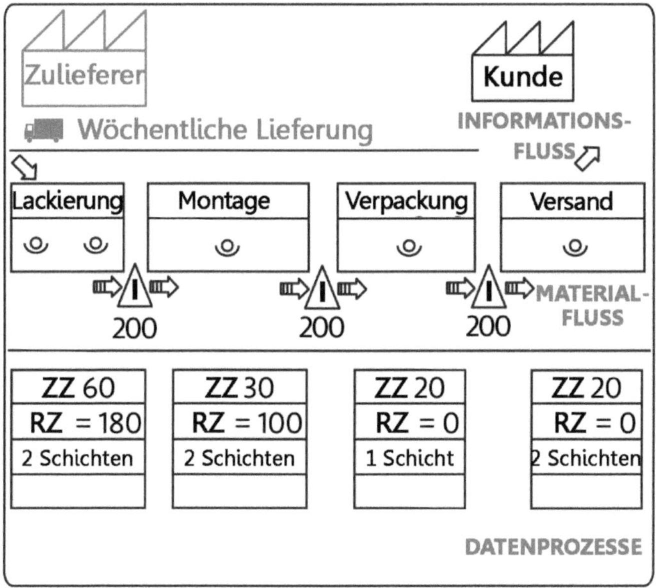

4. Phase: die Informationen

- Die Kunden schicken dem Unternehmen wöchentliche Anfrageprognosen per E-Mail.
- Die Einkaufsbestellungen werden dem Zulieferer per Fax zugesandt.
- Jeder Arbeitsposten im Unternehmens erhält eine Wochenplanung.
- Die Informations- und Materialflüsse (bzw.

physischen Flüsse) werden entsprechend deutlich dargestellt.

Die Informationen

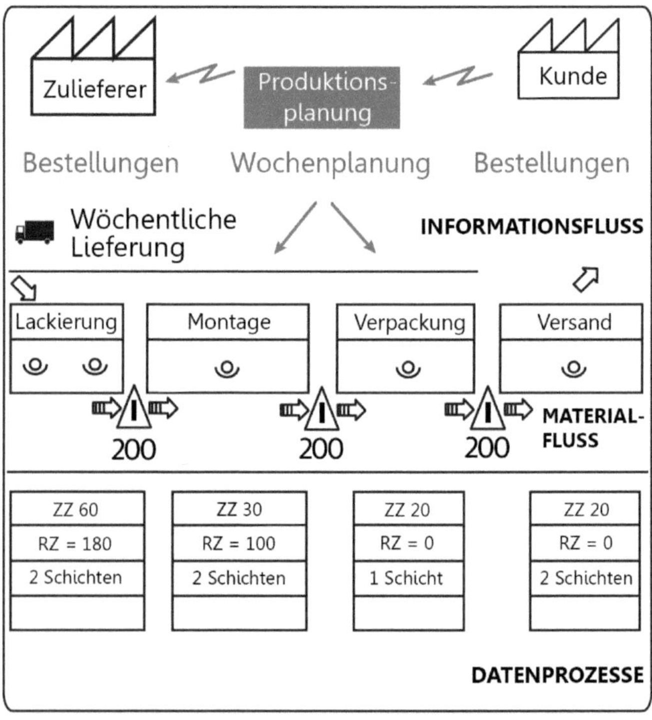

5. Phase: die Zeitreihe

- Unter den Produktionsprozess-Kästen und Lager-Piktogrammen wird die Zeitreihe hinzugefügt.
- Die Durchlaufzeit des Prozesses beträgt 19 Tage, die Bearbeitungszeit 630 Sekunden.

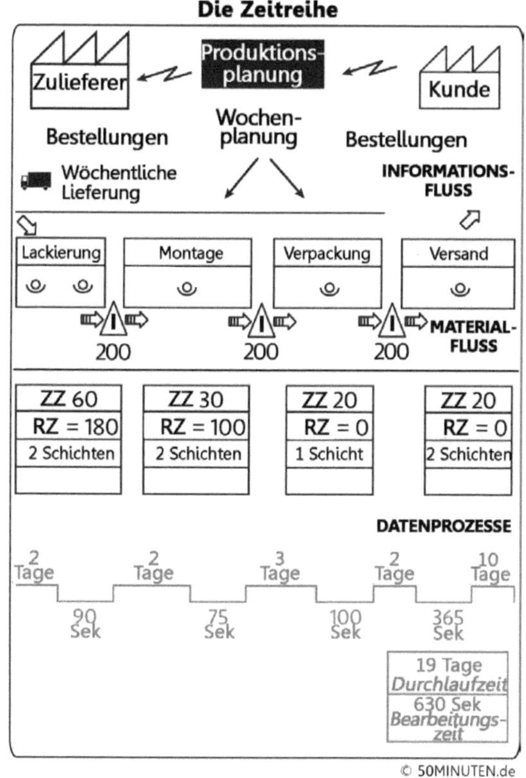

6. Phase: Darstellung der vollständigen Wertkette

Die grafische Darstellung des Ist-Zustands ist damit abgeschlossen. Sie sollte nun ausgewertet werden, um die Bereiche festzustellen, wo Verschwendung stattfindet und wo Verbesserungspotenzial besteht. Die folgenden Verbesserungen sind in diesem Beispiel möglich:

- wöchentliche Bestellungen der Kunden anstelle von Prognosen nutzen
- ein Pull-System in der Produktionsplanung einführen
- einen Fertigwaren-Supermarkt unmittelbar vor dem Lackierungsschritt schaffen
- Ausschuss auf Lackierungsebene vermeiden
- den Verpackungs- und Versandprozess kombinieren

Diese werden in die Grafik mitaufgenommen, um so die Erstellung eines Diagramms für den Soll-Zustand zu erleichtern.

Die Wertkette

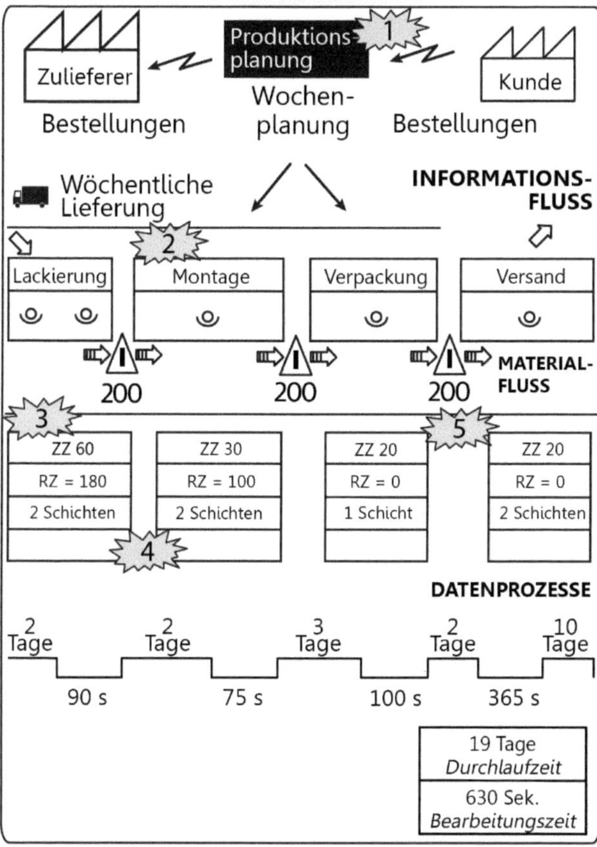

1. Sich auf wöchentliche Bestellungen der Kunden basieren.
2. Ein Pull-System einführen.
3. Einen Supermarkt schaffen.
4. Ausschuss vermeiden.
5. Verpackung und Versand zusammenfassen.

© 50MINUTEN.de

WERTSTROMANALYSE: SCHWÄCHEN UND ERGÄNZUNGEN

SCHWÄCHEN UND KRITIK

Trotz ihrer zahlreichen Vorteile hat die Wertstromanalyse dennoch einige Schwächen.

- **Mögliche Fehler bei der Erstellung des Wertstromdiagramms**:
  - Fehler können sich insbesondere durch ungünstige Erhebung, Wiedergabe und Analyse der Daten ergeben. Um dies zu vermeiden, sollten objektive Experten bezüglich der Ziele befragt und abteilungsübergreifende Teams gebildet werden.
  - Besonderes Augenmerk sollte auf dem Analysebereich liegen, da nicht immer gleich alle Prozesse überarbeitet werden müssen.
- **Es handelt sich lediglich um ein Instrument**: Die Wertstromanalyse hat keinen Selbstzweck, sondern zeigt lediglich Missstände in der

Funktionsweise eines Unternehmens auf, um anzuregen, dass bestehende Prozesse hinterfragt werden. Dies sollte vor allem bewirken, dass aktiv Verbesserungsmaßnahmen ergriffen werden. Eine Analyse ohne einen anschließenden konkreten Maßnahmenplan hat wenig Sinn. Es ist daher wichtig, die Analyse-Phase auch wieder zu verlassen. Gerade wenn an verschiedenen Lean-Maßnahmen gearbeitet wird, ist es zudem immer empfehlenswert, diese sinnvoll aufeinander abzustimmen, um den größtmöglichen Vorteil aus allen Projekten zu ziehen.

- **Vernachlässigung der menschlichen und sozialen Dimension**: Die Methode bezieht lediglich physische Aspekte, Synergien und die Steuerung der verschiedenen Flüsse mit ein. Soziale, menschliche und strukturelle Dimensionen werden hingegen außer Acht gelassen (obwohl auch dies sehr wichtige Bestandteile eines Lean-Projekts sind). Dies gilt insbesondere für den Industriesektor, wo Manager in der Regel technisch sehr ausgereifte Modelle entwickeln, menschlichen Aspekten dabei aber weniger Aufmerksamkeit schenken.

- **Einschränkung durch die Verwendung standardisierter Symbole**: Die vorgegebenen Symbole können die Suche nach innovativen Lösungswegen behindern. Da Unternehmen jedoch wettbewerbsfähig bleiben wollen, spielt Innovation eine immer größere Rolle.

ERGÄNZUNGEN UND VERWANDTE MODELLE

DMAIC

Das DMAIC-Modell (*Define*, *Measure*, *Analyze*, *Improve*, *Control*) ist ein Ansatz zur strukturierten Problemlösung. Es zeigt fünf Arbeitsschritte der kontinuierlichen Verbesserung auf. Bei dieser sehr effektiven Vorgehensweise (die auch zum Lean-Projekt gehört) ist die *Define*-Phase ausschlaggebend.

- *Define*: Identifizierung des zu untersuchenden Objekts und Festlegung des vom Team zu erreichenden Arbeitsziels
- *Measure*: Sammlung der Informationen, die notwendig sind, um ein Prozessdiagramm zu erstellen, und Definition der für eine effiziente Projektverfolgung benötigten

Leistungskennzahlen

- *Analyze*: Identifizierung der Gründe für Missstände in der Funktionsweise und Analyse der entsprechenden Ursachen
- *Improve*: Lösungsvorschläge, Maßnahmenplan, Einführung von den festgehaltenen Maß-nahmen
- *Control*: Vergleich der erwarteten Auswirkungen mit den tatsächlichen Ergebnissen nach Umsetzung der Lösungen, Projekt-bekanntmachung, Bilanz, aus der weitere Schlüsse gezogen werden können

Lean Manufacturing

Diese bekannte Art der Verschwendungseliminierung verlangt eine besonders abgestimmte Zusammenarbeit, um aussagekräftige Ergebnisse zu erzielen. Die am Lean-Projekt beteiligten Teams müssen motiviert, koordiniert und lösungsorientiert arbeiten. Der Ansatz baut auf fünf Grundlagen auf:

- Definition des Mehrwerts aus Sicht der Kunden
- Identifikation der Wertkette hinsichtlich der verschiedenen Fertigungsschritte
- besonderes Augenmerk auf die Dynamik

der unterschiedlichen Ströme, wobei darauf geachtet wird, dass die wertschöpfenden Schritte nicht unterbrochen werden
- Produktion nach dem Pull-Prinzip, bei dem Kundenanfragen wichtiger als Prognosen sind
- Perfektion durch ehrgeizige Ziele und die Förderung kontinuierlicher Verbesserung

Kaizen-Methode

Die Kaizen-Methode dient der kontinuierlichen Verbesserung (Kaizen setzt sich aus den japanischen Begriffen *kai* (Veränderung) und *zen* (zum Guten bzw. Besseren) zusammen). Sie basiert auf kleinen Verbesserungen, die – sofern alle am Prozess Beteiligten mitwirken und ihren Teil dazu beitragen – Tag für Tag zur Anwendung kommen.

Ein Kaizen-Projekt macht meist keinen spektakulären Eindruck, da es nur in kleinen Schritten vorangeht. Auf lange Sicht zeigt es sich allerdings oft sehr wirkungsvoll. Damit steht es quasi im Gegensatz zur Innovation, die hohe Investitionen benötigt und radikale Veränderungen nach sich zieht.

SIPOC-Diagramm

Mit diesem Modellierungsinstrument wird eine Tabelle erstellt, die einen groben Überblick über den Ablauf eines gegebenen Prozesses gibt. Mit dem angefertigten SIPOC-Diagramm – *Suppliers* (Zulieferer), *Inputs* (Eingänge), *Process* (Prozessschritte), *Outputs* (Ausgänge), *Customers* (Kunden) – können ein Gesamtprozess erfasst, die Eingänge und Ausgänge zusammengefasst und Zulieferer und Kunden identifiziert werden. Hierbei sollte jedoch beachtet werden, dass lediglich der Materialfluss dargestellt wird.

ZUSAMMENGEFASST

- Die Wertstromanalyse ist heutzutage eins der wichtigsten Instrumente im Lean Management. Sie dient der Feststellung von Verschwendungsursachen in der Wertkette einer gegebenen Produktfamilie.
- Die Wertstromanalyse wird heute in allen Bereichen der Industrie angewandt, da sie dem allgemeinen und weiter zunehmenden Bedürfnis entspricht, Produktionskosten zu senken.
- Es erscheint sinnvoll, zu Beginn einer Lean-Maßnahme zunächst eine Wertstromanalyse durchzuführen. Dazu sollte man die verschiedenen Schritte kennen und ebenfalls wissen, welche Vorgehensweisen sich bewährt haben, um sicherzustellen, dass man einen guten Überblick über die Prozesse im Unternehmen erhält.
- In Kombination mit dem Wertstromdesign ist die Wertstromanalyse ein Ansatz für kontinuierliche Verbesserung. Neben dem Ist-Zustand wird so ebenfalls ein effizienterer,

anpassungsfähigerer, kostengünstigerer und besser koordinierter Soll-Zustand erarbeitet. Die Darstellung der Material- und der Informationsflüsse ermöglicht gleichzeitig zwei Handlungsansätze: Die Verminderung von Verschwendung und die Verbesserung der Arbeitsbedingungen.

- Die Projektorganisation ist ausschlaggebend für den Erfolg. Schlüsselfaktor sind dabei abteilungsübergreifende Teams mit Mitarbeitern, die so nah wie möglich am Prozess stehen, ebenso wie die bedingungslose Unterstützung der Geschäftsführung für die geplanten Veränderungsmaßnahmen.

- Schließlich sollte man sich ebenfalls der Schwächen der Methode bewusst sein: So bezieht die Wertstromanalyse beispielweise keine sozialen, psychologischen und strukturellen Aspekte mit ein.

- Die Methode ist dank der einfachen Anwendung und ihrer schon fast unheimlichen Stimulationswirkung auf den Denkprozess der Beteiligten eine der am weitesten verbreiteten.

Ihre Meinung ist uns wichtig!
Hinterlassen Sie doch einen Kommentar auf der
Seite unserer Online-Buchhandlung
und teilen Sie Ihre Favoriten in den sozialen
Netzwerken!

DARÜBER HINAUS

LITERATURVERZEICHNIS

- Davis, John W.: *Lean Manufacturing. Implementation Strategies That Work*. Industrial Press: New York 2006.

- Fouqué, Florent: *À la découverte du Lean Six Sigma*. Édition Fouque: Mions 2009.

- Hohmann, Christian: „Lean Entreprise". *Christian. Hohmann.fr*. Beitrag auf der Homepage des Unternehmensberaters (auf Französisch). http://christian.hohmann.free.fr/index.php/lean-entreprise (20.08.2018).

- Hohmann, Christian: *Techniques de productivité. Comment gagner des points de performance pour les managers et les encadrants*. Eyrolles: Paris 2009.

- *Lean Enterprise Institute*: „What is Lean?" Lean. org. Definition und Video (auf Englisch) auf der Homepage des Thinktanks. http://www.lean.org/whatslean (20.08.2018).

- Ohno, Taiichi: *Das Toyota-Produktionssystem*. Campus Verlag: Frankfurt/Main 2013.

- Porter, Michael E.: *Wettbewerbsvorteile. Spitzenleistungen erreichen und behaupten*. Aus dem Englischen von Angelika Jaeger und Michael Schickerling (Vorwort). Campus: Frankfurt/Main 2014.

- Rother, Mike; Shook, John: *Sehen Lernen. Mit Wertstromdesign die Wertschöpfung erhöhen und Verschwendung beseitigen.* Lean Management Institut: Mühlheim a. d. Ruhr 2015.

- Womack, James P.; Jones, Daniel T.: *Lean Thinking. Ballast abwerfen, Unternehmensgewinn steigern.* Aus dem Englischen von Maria Bühler und Hans-Peter Meyer. Campus: Frankfurt/Main 2013.

- Subramaniam, Anad: „VSM – Current and Future. How to Maximize the overall flow?" *Slideshare.net.* Präsentation auf Englisch. http://fr.slideshare.net/anandsubramaniam/vsm-current-future (20.08.2018).

WEITERFÜHRENDE LITERATUR

- Bertagnolli, Frank: *Lean Management: Einführung und Vertiefung in die japanische Management-Philosophie.* Springer Gabler: Wiesbaden 2018.

- Klevers, Thomas: *Wertstrom-Mapping und Wertstrom-Design. Verschwendung erkennen – Wertschöpfung steigern.* mi-Fachverlag Redline GmbH: Landsberg am Lech 2007.

- Wagner, Karl Werner; Lindner, Alexandra: *WPN – Wertstromorientiertes Prozessmanagement. Effizienz steigern – Verschwendung reduzieren – Abläufe optimieren.* Hanser: München 2013.

MEHR AUF 50MINUTEN.DE

- Ben Alaya, Anis: <u>Die Six-Sigma-Methode. Streben nach Perfektion</u>. Aus dem Französischen von Mareike Lobeck. Plurilingua Publishing: Brüssel 2018.

- Delers, Antoine: <u>Die Kaizen-Methode. Mit kleinen Schritten viel erreichen</u>. Aus dem Französischen von Ruth Alvermann. Plurilingua Publishing: Brüssel 2018.

- Delers, Antoine: <u>Das Pareto-Prinzip. Die 80/20-Regel</u>. Aus dem Französischen von Mareike Lobeck. Plurilingua Publishing: Brüssel 2018.

- de Saeger, Ariane: <u>Das Ishikawa-Diagramm. Ursache-Wirkungs-Beziehungen</u>. Aus dem Französischen von Mareike Lobeck. Plurilingua Publishing: Brüssel 2018.

- Robben, Xavier: <u>Die Wertkette nach Porter. Wettbewerbsvorteile erkennen und ausbauen</u>. Aus dem Französischen von Ruth Alvermann. Plurilingua Publishing: Brüssel 2018.

NOCH NICHT GENUG?

- *Conceptdraw*: Software zur Erstellung von Wertstrom-Diagrammen. <u>http://conceptdraw.com/samples/quality-VSM</u> (20.08.2018).

- *The Karen Martin Group*: „Value Stream Mapping. Case Studies". Webinar mit Fallstudien (auf Englisch). https://www.youtube.com/watch?v=ZPNq5k-24vgY&feature=youtu.be (20.08.2018).

SCHMÖKERN SIE SICH SCHLAU!

www.50Minuten.de

Die präsentierten Inhalte werden vom Herausgeber überprüft, dennoch übernimmt dieser keine Haftung für die inhaltliche Richtigkeit, Vollständigkeit und Aktualität der vorgestellten Inhalte.

© 50Minuten.de, 2018. Alle Rechte vorbehalten.

www.50Minuten.de

ISBN digitale Ausgabe: 9782808009874

ISBN gedruckte Ausgabe: 9782808011587

Pflichtexemplar: D/2018/12603/331

Cover: © Plurilingua

Digitale Aufbereitung: Primento, der digitale Partner der Herausgeber